KB159889

Spiritual
Investments

존 템플턴의
영혼이 있는 투자

돈이란 사랑과 같아

그것에 집착하는 사람은

천천히 고통 속에서 죽어가게 만든다.

하지만 그것을 나눠주고 베푸는 사람에게는

삶을 더욱 윤택하게 해준다.

―칼릴 지브란

Spiritual
Investments

존 템플턴의
영혼이 있는 투자

월가의 영원한 스승

존 템플턴 경이 전하는 삶의 원칙, 투자의 원칙

게리 무어 지음 · 박정태 옮김

굿모닝북스

SPIRITUAL INVESTMENTS:

WALL STREET WISDOM FROM THE CAREER OF SIR JOHN TEMPLETON

by Gary Moore

Copyright © 1998 by Templeton Foundation Press

All rights reserved

Korean Translation Copyright © 2002 by Goodmorning Books

Korean edition is published by arrangement with Templeton Foundation Press

through Imprima Korea Agency

이 책의 한국어판 저작권은 Imprima Korea Agency를 통해

Templeton Foundation Press와의 독점 계약으로 굿모닝북스에 있습니다.

저작권법에 의해 한국 내에서 보호를 받는 저작물이므로

무단전재와 무단복제를 금합니다.

Spiritual Investments

서문   7

1. 최종 수익률로 평가하라   27

2. 투기적 매매가 아닌 투자를 하라   33

3. 유연한 자세로 투자 대상을 고르라   39

4. 쌀 때 사라, 비관적 분위기가 최고조에 달했을 때   45

5. 매수하기 전에 먼저 좋은 주식인지 살펴보라   51

6. 시장의 유행이나 전망이 아니라 가치를 사라   57

7. 위험을 분산하라   63

8. 스스로 공부하라, 아니면 전문가의 도움을 받으라   69

9. 투자에 주의를 게을리 하지 말라   75

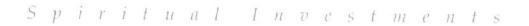

10. 패닉에 빠지지 말라   81

11. 실수로부터 배우라   87

12. 기도를 통해 평정심과 통찰력을 얻으라   93

13. 평균 이상의 수익률을 거두기가 얼마나 어려운지 알라 99

14. 자만을 버리고 겸손하라   105

15. 세상에 공짜는 없다   111

16. 너무 두려워하지도 말고 부정적으로 보지도 말라   117

17. 선을 행하면 다 잘 된다   123

존 템플턴의 투자철학과 생애   129

서문

우리 삶의 정신적인 원칙들은

인생을 살아가면서 행하는 모든 것의 기본이 돼야 한다.

말하고 생각하는 모든 것이 그래야 하며

행동 역시 이 원칙들에 기초해야 한다.

투자의 문제 역시 예외일 수 없다.

—존 템플턴 경

10년 전 어느 날이었다. 페인웨버의 투자부문 수석부
사장으로 일하고 있을 때였는데, 문득 월가에서의 활
동만으로는 결코 진정한 성공도, 참된 성공도 이룰 수
없으리라는 사실을 깨달았다. 나는 신학교에 들어가
는 것을 진지하게 고민했고, 1년 가까이 이어진 입학

심사까지 받았다. 지원자들은 까다로운 대면 면접과
심리 테스트, 묵상 같은 과정을 거쳐야 했다. 그러고
는 직장 생활을 하는 동안 정신적인 지주로 삼았던 인
물이 누구였는지를 묻는 질문이 주어졌다. 사실 그 이
전까지 나는 그런 생각을 단 한 번도 해본 적이 없었
다. 그러나 나는 질문을 듣자마자 조금의 머뭇거림도
없이 존 템플턴 경이 나의 정신적 지주였다고 말했다.

　나는 결국 신학교에 들어가지 않았다. 대신 내가 그
동안 최선을 다해 나름 훌륭한 실력을 발휘해왔던 분
야에서 한 단계 더 도약해야겠다는 각오를 다졌다. 그
리고 존 템플턴 경과 진한 우정을 쌓아가기 시작했다.
템플턴 경과의 관계는 내가 템플턴 재단에서 자문위
원으로 일하는 단계로 발전했고, 그 후 수 년간 함께
나눴던 "풍요로움"을 주제로 이렇게 책까지 쓰는 계
기가 됐다.

영혼이 풍요로운 부자

존 템플턴 경이 주식시장의 향후 전망을 내놓거나
상승 가능성 있는 투자상품을 밝힐 때면 많은 투자
자들이 숨을 죽이고 그의 말 한마디 한마디에 귀 기
울인다. 이런 투자자들의 기대에 부응하듯 그는 아주
명료한 목소리로 자신이 바라보는 금융시장의 방향
을 밝히곤 한다. 그러나 템플턴 경은 이와는 전혀 다
른 방식으로 투자자들을 풍요롭게 만들어주는, 영혼
이 깃든 지혜를 함께 이야기한다. 투자자들은 때로 그
의 이런 말에 의외라는 반응을 보이기도 한다. 그러나
템플턴 경이 월가의 전설적인 인물이 될 수 있었던 것
은 바로 금융시장을 꿰뚫어보는 통찰력과 함께 영혼
이 담긴 지혜를 겸비했기 때문이다.

1995년 1월 16일자 〈포브스Forbes〉는 표지에 "존 템
플턴 경, 어떻게 시장을 이겨내는가"라는 제목 아래
로 그의 이런 말을 큼지막하게 써두었다. "잘못된 질

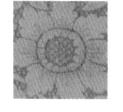
문: 어디가 전망이 좋은가? 올바른 질문: 어디가 전망이 최악인가?" 이 기사에서 템플턴 경은 분명하게 말한다. "주식을 사야 할 때는 비관론이 극도에 달했을 때다." 종국에는 대부분의 문제들이 치유되게 마련이라고 그는 덧붙였다.

그러나 중요한 것은 이런 신조를 가졌다 해도 이를 행동으로 옮길 수 있는 결단력을 함께 가져야 한다는 점이다. 생각은 그렇게 하면서도 정작 행동은 다르게 하는 것이야말로 "누구나 가지고 있는 인간의 약한 본성" 탓이라고 할 수 있다. 템플턴 경의 입장은 단호하다. 인생이든 투자든 성공 여부를 판가름하는 것은 어떤 신조를 갖고 있느냐가 아니라 실제로 어떤 행동을 하느냐에 달려 있다. 많은 투자자들이 템플턴 경의 "역발상 투자" 방식—시장의 움직임에 즉각 반응하거나 패닉에 빠지지 않고 인내심과 자제력을 갖고 임하는 자세—을 신뢰한다고 말한다. 하지만 주식형 펀드

에 투자한 사람들의 실제 수익률을 조사한 결과를 보면 해당 주식형 펀드 수익률의 절반 정도에 그치고 있다. 왜 그럴까? 이유는 대부분의 사람들이 전망이 좋아 보일 때 펀드를 샀다가 전망이 극도로 안 좋을 때 팔아버리기 때문이다.

　주가수익비율PER이나 주당순자산가치PBR를 비롯해 주가 관련 지표들은 수십 가지나 되고, 템플턴 경도 이들 지표를 오랫동안 유용하게 사용해왔다. 그러나 많은 투자자들은 강세장에서는 그저 행복한 기분에 취해서, 약세장에서는 손실의 두려움에 휩싸여서 이런 요긴한 지표들을 무시한 채 중대한 결정을 내리고 만다. 템플턴 경이 알려주는 투자 철학의 핵심은 이것이다. 투자에 성공하려면 정신적으로 단련하고 성숙해야 하며, 이를 통해 인간의 연약한 본성을 극복할 수 있어야 한다. 지난 반 세기 동안 템플턴 경이 세계적으로 가장 탁월한 수익률을 기록한 펀드매니저이자

가장 존경 받는 펀드매니저로 그 명성을 꾸준히 지켜
왔다는 사실은 그의 철학이 옳다는 것을 보여주는 증
거다. 템플턴 경의 이 같은 철학은 이 책에 그대로 녹
아있다. 따라서 이 책을 읽는 독자들에게 틀림없이 영
감을 불어넣어줄 것이다.

전세계를 아우르는 넓은 시야와
미래를 내다보는 예리한 안목

템플턴 그로스 펀드Templeton Growth Fund의 초창기 시
절, 템플턴 경은 일본 주식시장에 투자했다. 제2차 세
계대전이 끝난 지 얼마 되지 않은 시기에 일본 기업
에 투자한다는 것은 당시 대세를 거스를 뿐만 아니라
투자 분위기에도 맞지 않는 것이었다. 전후 일본의 정
치 상황은 한치 앞을 내다보기 힘들었다. 경제 기반
은 거의 파탄지경이었다. "메이드 인 재팬"을 붙인 일
본 상품은 싸구려로 통했고, 이로부터 한참을 더 싸

구려로 통할 것이었다. 일본의 이런 불리한 여건에도 불구하고 템플턴 경은 일본 사람들에 주목했다. 일본인은 예로부터 내려온 검약 정신과 근면성, 가족을 중시하는 가치관, 회사에 대한 높은 충성도가 몸에 배어있는 민족이었다.

  존 템플턴 경은 전세계를 아우르는 넓은 시야를 증명이라고 하듯 거의 모든 나라를 대상으로 자신의 투자 철학을 실행에 옮겼고, 심지어 심각한 경제위기를 겪고 있던 나라에도 투자했다. 그는 또 일찌감치 선지자다운 시장 예측을 발표해 사람들을 놀라게 만들곤 했다. 가령 1949년 3월 다우존스 평균주가가 172에 머물러 있을 때 그는 이렇게 말했다. "10년 뒤에 이 시점을 돌아본다면 172라는 평균주가는 정말 너무나도 싸게 매수할 수 있었던 수준이었구나 하고 깨달을 것입니다." 실제로 10년 뒤 다우존스 평균주가는 600을 넘어섰다.

1982년에는 "월스트리트 위크Wall Street Week"라는 텔레비전 프로그램에 출연했는데, 템플턴 경은 사회를 보던 루이스 루케이서 앞에서 유명한 말을 남겼다. "다우존스 평균주가가 현재 1000정도지만 8년 뒤인 1990년에는 지금의 3배로 불어나 3000선까지 오를 것입니다." 내가 〈뉴욕타임스The New York Times〉 사에서 발행하는 한 신문에 템플턴 경의 신념을 강조하는 글을 기고했던 것도 바로 이해였다. 이제는 시간이 많이 흘러 아무도 그가 보여준 선견지명에 대해 언급하지 않지만 말이다.

그러나 당시를 되돌아보면 미국인들은 이런 전망을 매우 회의적인 시각으로 바라보았다. 심지어 내 고객들 가운데서도 몇몇은 내가 중심을 잃은 채 엉뚱한 데 정신이 팔려 있다고 생각했을 정도였다. 물론 이들을 탓할 수만은 없다. 그 무렵은 최우대금리prime rate가 연 21%까지 치솟았고, 석유수출국기구OPEC의 위협 앞에

속수무책이던 상황이었다. 더구나 일본은 저가 제품
수출 국가에서 벗어나 고급 승용차와 가전제품을 수
출해 미국을 압도하고 있었다.

　그럼에도 불구하고 다우존스 평균주가는 1990년 진
짜 3000선까지 상승했다. 템플턴 경은 다시 한번 "월
스트리트 위크"에 출연했다. 그러고는 2000년까지 다
우존스 평균주가가 "6000선, 어쩌면 그보다 훨씬 더
높은 수준까지 오를 수 있을 것"이라고 예측했다. 그는
베를린 장벽 붕괴와 동구 공산권 국가의 개방에 따라
세계는 "역사상 최고의 번영기가 될 20년"으로 막 접어
들었다고 내다봤다. 이 같은 전망 역시 지금 돌아보면
기가 막힐 정도로 현실과 딱 들어맞는다.

　그러나 실은 이때도 그의 예측은 불확실하기 그지없
는 것이었다. 당시 미국은 경기 침체로 인해 분위기가
축 가라앉은 상태였고, 연방정부의 막대한 부채로 인
해 비관적인 전망이 쏟아져 나오고 있었다. 1990년에

는 새로운 "대공황"에 관한 책이, 1992년에는 경제 전 반의 붕괴를 다룬 책이, 1995년에는 대규모 연쇄 파산 을 예견한 책이 베스트셀러에 올라 전국 서점가의 전 면을 장식했다. 게다가 1992년 대통령 선거에서는 경 제 상황에 대한 우려가 부각되면서 현직 대통령이 패 배해 백악관을 떠나기까지 했다.

5조 달러에 이르는 연방정부의 천문학적인 부채 규 모는 다들 잘 알고 있다. 하지만 예산운영국OMB이 최 근 추계한 통계에 따르면 미국의 국가 자산(인적 자본 과 물적 자본)은 55조 달러에 달하고, 한 해 국내총생산 GDP은 7조 달러가 넘는다. 미국 경제의 이런 긍정적인 측면에는 왜 아무도 눈을 돌리지 않는 것일까? 주로 언론에서 만들어내는 여러 부정적인 인식이야말로 템 플턴 경이 투자자들에게 반드시 극복해야 한다고 강 조하는 중대한 도전 가운데 하나다.

1990년대 초 템플턴 경이 주목한 것은 우리가 안고

있는 문제점들이 아니라 우리가 갖고 있는 희망적인 측면들이었다. 1991년은 그가 운용하는 펀드 자산 가운데 미국 주식시장에 투자한 자산의 비중이 펀드 출범 이후 가장 높았던 해다. 그의 안목은 또 한 번 적중했다. 다우존스 평균주가는 1998년에 벌써 9000선을 훌쩍 넘어버렸다. 미국인들은 미국 경제의 성장에 행복해했고, 대다수가 시장 전망을 밝게 내다봤다.

그런데 1998년 바로 그 무렵 존 템플턴 경이 나에게 해외 주식시장에 투자하라고 다시 한번 조언해주었다. 그것도 방금 금융위기가 휩쓸고 지나간, 회의적인 시각이 아직 팽배해 있던 아시아 국가들에 투자하라고 말이다. 그가 미국 주식시장에서 투자자산을 빼가자 많은 사람들은 삐딱한 눈초리로 바라봤다. 그러면서 미국의 신경제는 "이번에는 달라This time is different!"라고 외쳤다. 그러나 이 말이야말로 템플턴 경이 그토록 강조하는 "영어 가운데 가장 비싼 대가를 치르

Spiritual Investments

는 네 단어"였다.

존 템플턴 경의 또 다른 통찰력

존 템플턴 경과 수십 년간을 함께 하면서 얻은 영혼
이 담긴 원칙들을 적어나가기 전에 먼저 투자에서, 또
인생에서 지켜야 할 원칙들을 소개하고자 한다. 이 원
칙들은 템플턴 경이 평소에 늘 생활화했던 것이지만
본인은 한 번도 이 원칙들을 공개적으로 밝히지 않았
던 것 같다. 투자란 경제의 세계에서만 이루어지는 것
이 아니라 인간에 대한 투자가 진정으로 중요하다는
게 그의 가르침이다. 따라서 투자를 하는 우리의 영혼
에는 이런 정신이 깃들어 있어야 하는 것이다.

사랑

미국 경제는 지금도 전세계 경제를 주도하고 있다.
미국의 주식시장과 채권시장, 부동산시장, 단기금융

시장은 모두 역사상 그 어느 때보다 커졌고 유동성도 충분히 갖추고 있다. 더구나 미국인들의 투자 방식은 다소 국수적이어서 국내 투자자산을 선호한다. 그러나 템플턴 경은 인류를 사랑하는 마음으로 투자해야 하며, 적어도 자산의 일부는 저개발 국가에 투자해야 한다고 강조한다.

아직도 기억할 수 있는 미국의 장기적인 약세장으로는 1968년부터 1972년까지를 꼽을 수 있다. 이 시기에는 내로라하는 펀드매니저들조차 투자자산의 50% 이상을 잃었다. 미국 주식에만 투자했기 때문이다. 반면 템플턴 경은 전세계 국가를 대상으로 분산해서 투자한 덕분에 오히려 자산이 늘어났다. 창세기에 나오는, 고대 이집트에서 7년의 풍년과 7년의 흉년이 반복된 이래 이런 경기순환은 늘 우리를 따라다녔고, 이런 사이클에 대비하면 부와 풍요를 누릴 수 있다는 점을 그는 알고 있었던 것이다.

🦋 불굴의 의지

전세계를 대상으로 한 분산 투자를 통해 거둘 수 있었던 이점이라고 했지만 사실 상당 부분은 존 템플턴 경이 지닌 불굴의 의지에서 나온 것들이다. 지금은 전설적인 월가의 리더로 자리매김했지만 그가 펀드매니저로 막 활동을 시작했던 초창기 시절 템플턴 그로스 펀드는 낫소의 경찰서 인근에 있는 작고 허름한 사무실에서 출발했다.

당시 미국인 대부분은 뮤추얼펀드를 부정적으로 인식했고, 더구나 전세계를 상대로 하는 다국적 투자에 대해서는 아예 쳐다보지도 않으려고 했다. 우리가 지구촌 전체를 대상으로 투자하는 뮤추얼펀드의 강점을 이해하기까지는 "글로벌 투자의 최고 권위자"인 템플턴 경의 수십 년간에 걸친 불굴의 의지가 필요했다.

인내

 돈을 벌기 위한 첫 번째 원칙은 돈을 잃지 않는 것이다. 두 번째 원칙은 이 원칙을 절대로 잊지 않는 것이다. 미국의 전형적인 펀드매니저들은 어느 주식이든 장기적으로 보유하기 보다는 매년 보유 종목을 교체한다. 채권 매매는 이보다 더 빈번하다. 템플턴 경은 이런 펀드매니저들을 비난하지는 않지만 주식 보유 기간이 이들보다 4~5배는 길다. 연구 결과를 보면 교체 매매를 자주하는 펀드매니저들보다 장기 투자를 하는 이들이 더 낮은 리스크와 세금 절감 효과로 더 큰 수익을 거두는 것으로 나타났다.

 예를 들어 A펀드는 한 해 100%의 수익률을 올리면 다음 해에는 마이너스 50%, 그러니까 절반을 까먹는다고 하자. 반면 B펀드는 강세장에서는 한 해 10%의 수익률을 거두지만 약세장에서는 0%, 그러니까 현상 유지에 그친다고 하자. 이럴 경우 장기적으로 보면 B

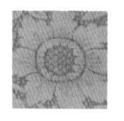

펀드가 더 높은 투자 수익률을 올린다. A펀드에 투자하는 것을 고려할 만한 유일한 경우는 시장의 "타이밍"을 정확히 잡아낼 수 있을 때뿐이다. 그러나 템플턴 경이 말하듯 장기적으로 시장의 타이밍을 계속해서 맞출 수 있는 투자자는 거의 없다.

❦ 윤리 의식

윤리 의식을 갖는다는 것은 '올바르게' 행동하는 것뿐만 아니라 '현명하게' 행동하는 것을 의미한다. 월가의 매몰차기 짝이 없는 여러 통념에도 불구하고 템플턴 경은 윤리 의식이야말로 투자자가 장기적으로 더 높은 수익률을 올리는 데 걸림돌이 아닌 디딤돌이 된다고 강조한다.

템플턴 경은 펀드를 운용하면서 주식시장에서 통상 "죄악주sin stocks"라고 부르는 주류회사와 담배회사, 도박회사에는 처음부터 투자하지 않는다는 원칙

을 세웠고, 이 원칙은 오늘까지도 지켜지고 있다. 이 것이야말로 "너무나도 당연한 상식 아니냐"고 템플턴 경은 말한다. 우리 사회에 끼치는 각종 해악들로 인해 정부와 학자, 시민단체들이 규제를 촉구하고 있는 기업은 결국 투자자들도 외면할 것이니 말이다. 따라서 우리 자신과 이웃들에게 도움이 되는 기업에 투자해야 한다는 것이다.

합일의 정신

마지막으로 존 템플턴 경은 이렇게 말할 것이다. 지금부터 배울 영혼이 깃든 원칙들은 더 나은 투자를 위한 것일 뿐만 아니라 인간관계와 사업활동을 포함한 삶의 모든 영역을 더욱 알차고 탄탄하게 해주는 것이라고 말이다. 그의 표현대로 당신이 "비즈니스 세계의 성직자"로 일하고 있다면 이 말은 딱 들어맞을 것이다. 템플턴 경은 마치 수 세기 전의 프로테스탄트

개혁파처럼 이렇게 강조한다. 우리가 매일같이 행하는
일들은 성직자의 임무만큼이나 명확하고 세상에 이로
운 것이라고 말이다.

당신이 만일 참된 영혼이 깃든 원칙들을 선택했다면……
더 많은 고객들이 찾을 것입니다.
당신의 사업도 번창할 것입니다……
만일 영혼이 깃든 원칙 없이 사업을 한다면
그 사업은 오래가지 못할 것이며
당신 역시 이 세상에 그리 좋은 일을 하지 못할 것입니다.

누구든 테레사 수녀처럼 물질적인 보상을 바라지도,
받지도 않고서 "좋은" 일을 할 수 있다. 투자자나 비즈
니스맨들이 "좋은" 일을 한다는 것은 일을 "잘하는" 것
이다. 영혼이 깃든 원칙과 인류애라는 단단한 기초 위
에서 경제적인 성공을 향해 매진하는 것이다. 이 길은
쉽게 걸어갈 수 있는 그런 길이 결코 아니다. 그러나 템

플턴 펀드가 지나온 발자취를 돌아보면 지난 수십 년
간 수많은 투자자들이 선택했던 길보다 훨씬 더 확실
한 길이었음을 알 수 있다.

　미국 남부 테네시 주의 산골마을에서 자라난 보
잘것없는 소년이 세계적으로 가장 풍요롭고 "부유
한" 인물로 성장하기까지의 여정은 우리 역시 이 길
을 걸어간다면 인생의 진정한 결실을 얻을 수 있다
는 확실한 증거일 것이다.

01

최종 수익률로 평가하라

투자 성과를 정확하게 평가하려면 세금과 인플레이션을 감안한 최종 수익률을 살펴봐야 한다. 이것이야말로 장기 투자자가 추구해야 할 가장 합리적인 목표라고 할 수 있다. 무심코 넘겨버리기 쉽지만 세금과 인플레이션 효과를 감안하지 않았다면 그 어떤 투자 전략도 진정한 경제 환경을 제대로 이해하지 못한 것이다.

투자한 금액만큼의 구매력을 지켜내는 것이야말로 포트폴리오를 탄탄하고 훌륭하게 유지해 나가는 데 필수 요소다. 투자자들이 저지르는 가장 큰 실수 가운데 하나는 채권처럼 수입이 확정된 증권에 지나칠 정도로 많은 돈을 투자하면서도 세계 어느 나라 통화든 그 가치가 오르내린다는 사실은 간과한다는 점이다. 물가가 올라가면 통화가치는 떨어지게 마련이다.

가령 한 해 물가상승률이 4%라면 맨 처음 10만

달러였던 포트폴리오의 구매력은 불과 10년 만에 6만8000달러로 줄어든다. 다시 말해 10년 후에도 최초의 투자 원금이 가졌던 구매력을 지켜내려면 이 포트폴리오는 14만7000달러로 불어나야 한다. 10년 후에도 투자 원금의 구매력을 유지하려면 47%의 수익률을 거둬야 한다. 더구나 이건 세금으로 빠져나가는 금액은 전혀 고려하지 않은 것이다.

투자 성과를 평가할 때는
전체적인 경제 변수들을 모두 고려해야 한다.

분별력을 익힘으로써 우리는 인생을 더욱 책임 있게 대하고, 정신적으로도 한 단계 성숙한 자세로 살아갈 수 있다. 직장 일이 됐든, 인간관계 혹은 종교 문제가 됐든 우리는 어떤 상황에서든 고려해야 할 꼭 필요한 요소들을 제대로 평가하는 법을 배움으로써 최선의 선택을 했는지 판단할 수 있다. 이렇게 하기 위해서는 가장 다루기 쉬운 부분만이 아니라 모든 상황을 종합적으로 바라보는 시야를 갖춰야 한다.

  때로는 제일 쉬워 보이는 길이 가장 안전하게 느껴질 수 있다. 그러나 제일 쉽고 안전한 길이 삶에서 반드시 의미 있고 고결한 여정은 아니다. 실제로 중대한 결정을 앞두고 두려움에 휩싸이거나 기대감에 사로잡혀 문제를 바라보는 경우가 자주 있을 것이다. 분별력을 키워나간다는 것은 인생의 중요한 문제들을 보다 객관적으로 바라보고 더욱 유

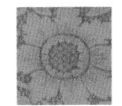

연하게 판단한다는 것을 의미한다.

　그런 점에서 넓은 시야로 바라볼 줄 알아야 한다. 그래야 훌륭한 결정을 내릴 수 있다. 또한 힘든 도전을 피하고, 두려움에서 벗어나려 하고, 스스로 쉽고 안전한 길을 가려 하는 유혹도 떨쳐낼 수 있다.

　　넓은 시야를 겸비한 분별력이야말로

　　정직과 책임, 현명한 판단의 토대다.

O2

투기적 매매가 아닌 투자를 하라

포트폴리오를 어떻게 운용해 나갈 것인지 결정하기 전에 반드시 월가의 전설적인 투자자 루시앙 O. 후퍼의 현명한 조언을 명심할 필요가 있다. "보유 주식을 계속해서 교체하는 트레이더들보다 오히려 느긋하게 장기적으로 주식을 보유하는 투자자들이 포트폴리오를 훨씬 더 잘 운용한다. 여유 있는 투자자는 대개 사실에 더 정통하고 주식의 진정한 가치가 무엇인지도 잘 이해하고 있다. 인내심은 강한 반면 감정에 휘둘리는 경우는 드물다. 매매차익에 대한 세금 부담도 적고 쓸데없는 거래수수료도 내지 않는다. 카시우스처럼 '너무 생각이 많아' 우를 범하는 경우도 없다."

주식시장은 카지노 도박장이 아니라 야구장의 "홈베이스" 같은 곳이다. 메뚜기처럼 여기저기 돌아다니기 보다는 참을성 있게 기회가 올 때까지 기다려야 한다. 주가가 1포인트, 2포인트 움직였다고 해

투기적 매매가 아닌 투자를 하라

서 그때마다 거래한다든가, 시도 때도 없이 공매도를 해대고, 오로지 옵션이나 선물만 거래한다면 언젠가 대박을 터뜨릴 것이라는 허황된 꿈으로 인해 계속해서 쌓여가는 작은 손실과 이로 인한 리스크를 자기도 모르게 무시해버릴 수 있다.

설사 이렇게 해서 이익을 거둔다 한들 수수료로다 날려버릴 수 있다. 심지어 신중하게 계산해서 공매도까지 했는데, 하락할 것이라고 예상했던 시장이 사정없이 상승세를 타기도 한다. 그러면 월가 소식을 전하는 뉴스에서 "오늘은 시장이……"라는 말만 나와도 심장이 멈춰버릴지 모른다. 포트폴리오를 성공적으로 운용하려면 땀과 에너지를 다 쏟아붓는 것만으로는 충분치 않은 것이다.

쉽게 흔들리지 않는 자세야말로
가장 성과 좋은 투자 전략임을 알게 될 것이다.

35

어떤 인생 목표를 추구하든 장기적인 투자라는 관점에서 생각하는 게 중요하다. 초지일관하는 자세로 전력을 기울이면 그 땀방울은 더 큰 결실을 맺는다. 타고난 재능과 에너지, 열정을 자신의 일과 인간관계, 정신적인 활동에 투자하라. 현명하게 선견지명을 갖고 신중한 계획을 세워 행동하라. 늘 장기적인 관점에서 인생 목표를 향해 나아가야 한다는 점을 명심하라. 이렇게 하다 보면 쓸데없는 수고나 시행착오는 줄어들면서 더 훌륭한 성과를 거둬가는 자신을 발견할 것이다.

  나만의 인생 목표를 추구하면서 평정심과 함께 여유로운 자세를 유지한다면 그만큼 목표는 가까워진다. 이런 생각에서 저런 생각으로, 이런 모임에서 저런 모임으로, 혹은 이 분야에서 저 분야로 시도 때도 없이 옮겨 다닌다면 몸도 피곤해지고 정신적으로도 힘들어진다. 그렇다고 해서 좋지 않은 상황

36

인데도 이미 투자한 자산을 무작정 보유하듯 그냥
손놓고 있으라는 말이 아니다. 그러나 살아가면서
스스로 선택한 도덕적인 원칙들을 지켜나가는 것은
인생을 더욱 생산적으로 만드는 일이다. 그렇게 함
으로써 수없이 반복되는, 처음부터 되풀이하곤 하
는 귀중한 인생의 낭비도 줄일 수 있는 것이다.

인생 목표를 추구하면서 지혜롭게
초지일관하는 자세를 유지한다면
마음의 평화는 물론
궁극의 목표 달성까지 이룰 수 있을 것이다.

투기적 매매가 아닌 투자를 하라

03

유연한 자세로 투자 대상을 고르라

항상 최고의 수익률을 가져다 주는 투자 대상은 없
다. 포트폴리오를 성공적으로 구성하기 위해서는
무엇보다 다양한 투자 대상을 열린 마음으로 대해
야 한다. 우량주를 사야 할 때가 있는가 하면 경기
순환에 민감한 주식을 사야 할 때가 있다. 회사채
나 전환사채, 장기국채를 매수하는 게 좋을 때도 있
다. 그런가 하면 현금이나 단기국채를 보유한 채 가
만히 있어야 할 때도 있는데, 그래야 괜찮은 투자
기회가 나타났을 때 붙잡을 수 있다.

　어떤 유망 산업이나 특정한 종류의 증권이 투자
자들의 관심을 사로잡으며 선풍적인 인기를 끌기도
한다. 그러나 이런 유행은 늘 잠깐의 바람으로 끝
나버리고, 한번 가라앉으면 몇 년이 지나도 다시 돌
아오지 않는다. 그러니 최고의 투자 기회를 찾겠다
며 이런 유행과 대중적 인기에 편승해서는 절대 안
된다. 그리고 투자의 진정한 안전성을 따질 때는 반

유연한 자세로 투자 대상을 고르라

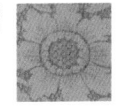

드시 인플레이션을 감안한 구매력으로 평가해야 한다는 점을 기억해야 한다.

열린 마음과 개방적인 자세를 견지한다면 투자 대상을 특정한 종류로 한정하는 투자자에 비해 훨씬 더 훌륭한 성과를 거둘 수 있을 것이다.

투자자로서 유연한 자세를 가지는 것이야말로

위험을 분산하고

성과도 좋은 포트폴리오를 구축하는 열쇠다.

유연한 자세로 투자 대상을 고르라

살아가면서 숱한 어려움을 겪고 예기치 못한 전환점을 만날 때마다 유연해져야 함을 절실히 느낄 것이다. 하루하루는 우리를 새로이 초대하고, 우리가 새롭게 선택할 수 있게 하고, 우리에게 새로운 용기를 불어넣어준다. 하지만 그대가 기꺼이 다가서야만 비로소 이런 선물을 받을 수 있다. 눈앞에 펼쳐지는 수많은 장면마다 열린 마음으로 그 상황을 대해야 자신의 한계를 넓혀가며 성장해나갈 수 있다.

우리는 이 세상 모든 것을 이해할 수 없고 예측할 수도 없다. 세상사가 그리 간단치 않을뿐더러 그것이 우리가 살아가는 세계의 본질이기 때문이다. 겸손함이란 이 세상이 우리를 위해 무엇을 준비해두었는지 정확히 알지 못하는 제한된 능력을 인정하는 것이고, 우리가 정면으로 맞닥뜨릴 도전과 기회를 열린 자세로 맞이하는 것이다. 기회가 바로 앞에서 기다리고 있는데 닫힌 마음으로 외면해버린다면

유연한 자세로 투자 대상을 고르라

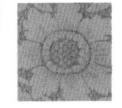

우리 삶의 영역만 좁아질 뿐이다.

믿음과 신념은 새로운 계획을 추구하는 데 장애가 될 수 없다. 자신의 믿음과 신념에 투철하다는 것과 어떤 식의 변화에도 고집스레 저항하는 것은 분명히 다르다. 살아가다 보면 때로 어느 쪽을 택해야 할지 그 방향이 확실하지 않은 경우도 있다. 그렇다고 해서 눈을 감아버리고 마음과 가슴마저 닫아버린다면 아예 방향조차 가늠할 수 없을 것이다.

다채로운 삶의 풍요로움에 마음을 열면
인격은 물론 영혼까지 성장하는 기회가 찾아올 것이다.

유연한 자세로 투자 대상을 고르라

04

쌀 때 사라,
비관적 분위기가 최고조에 달했을 때

주가가 낮을 때 사야 한다는 것을 모르는 투자자는
없다. 그런데 막상 실제로 시장이 움직이는 것을 보
면 그렇지 않다. 주가가 높을 때는 주식을 사려는
수요가 많다. 반면 주가가 낮을 때는 주식을 사려
는 수요가 적다. 투자자들은 멀찌감치 물러나버리
고 대중들은 자신감을 잃어버리기 때문이다.

　사람들 거의 전부가 한꺼번에 비관적으로 돌아섰
다면 더 이상의 시장 붕괴는 일어나기 힘들다. 이
보다 자주 벌어지는 일은 특정 분야의 주식들만 떨
어지는 것이다. 가령 자동차 업종이나 손해보험 업
종 주식들은 경기 상황에 따라 잘 움직이는데, 할
인판매 업종 주식들만 갑자기 뚝 떨어지는 식이다.

　아마추어 투자자들이 많이 듣는 조언은 싸게 사
서 비싸게 팔라는 것이다. 그러나 이들 대다수는
비싸게 사서 싸게 판다. 이들이 주식을 살 때는 십
중팔구 애널리스트들이 장밋빛 전망을 내놓은 다

쌀 때 사라. 비관적 분위기가 최고조에 달했을 때

음이다. 어리석기 짝이 없는 일이지만 이게 인간의 본성이다.

군중의 움직임에 역행하기란, 그러니까 다른 사람들이 모두 팔고 상황이 최악으로 보일 때 주식을 산다는 것은 진짜 어려운 일이다. 하지만 대중과 똑같이 매수한다면 그들과 똑같은 성과를 거둘 것이다. 이론적으로 시장 전체를 사면 시장 수익률을 넘어설 수 없다. 백악관 경제자문을 역임했던 버나드 바루크는 이 원칙을 아주 간결하게 요약했다. "절대로 군중을 따르지 말라."

"전통적인 상식"에 역행하는 투자 판단이야말로

최고의 결실을 맺을 수 있다.

쌀 때 사라. 비관적 분위기가 최고조에 달했을 때

때로는 우리 인생의 가장 어두웠던 순간들이 실은
삶에 빛이 되고 평화를 가져다 주었음을 발견하곤
한다. 마치 주가가 하락하는 바람에 그렇지 않았더
라면 놓쳐버렸을 숨은 가치를 종종 찾아내는 것처럼
사람도 바닥까지 떨어졌다고 느낄 때 비로소 그동안
몰랐던 천부적인 재능과 잠재력을 깨닫게 되는 것이
다. 그런 가치를 이해하고 (우리 자신을 포함해) "바닥을
친" 사람에게 시간과 믿음, 관심을 투자한다면 값진
열매를 맺을 것이다.

바닥까지 떨어졌다면 이제 남은 것은 올라가는 것
뿐이다. 더 이상 상황이 나빠질 수 없을 테니 말이
다. 어떤 재난이나 심각한 문제에 봉착했든 우리는
방향을 바꿀 수 있다. 어쩌면 친구가 도움의 손길을
뻗치고 있을 수도 있고, 우리 스스로 열심히 일하고
의무를 다하고 믿음을 바칠 수도 있다. 실제로 바닥
까지 추락했던 사람들이 위대한 성공 스토리를 써

쌀 때 사라. 비관적 분위기가 최고조에 달했을 때

낸 경우를 자주 본다. 이들은 일이 순조롭게 풀렸던 사람들보다 자신이 거둔 성공을 훨씬 더 분명히 인식하고 더 깊이 감사한다.

인간에 대한 투자는 언제든 전력을 기울일 만하다. 우리 자신이든 남이든 어렵고 힘들 때 투자하는 것은 인간적인 행동일 뿐만 아니라 우리 자신과 우리가 도운 이들에게 물질적으로나 정신적인 면에서 더 훌륭한 보상을 가져다 주는 일이다.

힘든 처지에 있는 사람에게 투자하겠다는 믿음이야말로
위대한 변화와 성장이 우리 삶의 저 밑바닥에서
비롯된다는 것을 보여주는 증거다.

쌀 때 사라: 비관적 분위기가 최고조에 달했을 때

05

매수하기 전에 먼저
좋은 주식인지 살펴보라

투자할 때는 반드시 좋은 주식들 가운데 주가가 싼 종목을 찾아내야 한다. 주가가 낮다고 해서 형편없는 주식을 매수한다면 그건 결코 싸게 사는 것이 아니다.

좋은 주식이란 한창 커나가는 산업에서 절대 흔들리지 않는 매출 1위 기업의 주식이다. 좋은 주식이란 기술 혁신이 경쟁력을 결정하는 분야에서 기술을 선도하는 기업의 주식이다. 좋은 주식이란 탁월한 경영 능력을 입증한 강력한 경영진이 이끌어가는 기업의 주식이다. 좋은 주식이란 원가 경쟁력이 뛰어난 기업의 주식이다. 좋은 주식이란 재무구조가 탄탄해 언제든 새로운 시장에 가장 먼저 진입할 수 있는 기업의 주식이다. 좋은 주식이란 소비자가 신뢰하는 유명 브랜드를 갖추고 이익률도 높은 제품을 생산하는 기업의 주식이다.

좋은 주식의 이런 특성들은 결코 따로 떼어놓고

매수하기 전에 먼저 좋은 주식인지 살펴보라

생각할 수 없다. 가령 원가 경쟁력은 뛰어나지만 판매하는 제품들이 유행에 뒤처졌을 수 있다. 기술적으로는 앞서가지만 확장에 필요한 자본이 부족할 수도 있다.

좋은 주식인지 여부를 판단하는 것은 훌륭한 레스토랑을 살펴보는 것과 비슷하다. 미슐랭에서 별을 받은 레스토랑은 틀림없이 별을 받기 전부터 아주 뛰어났을 것이다. 따라서 열심히 조사하고 투자 경험을 쌓아갈수록 좋은 주식을 집어낼 수 있는 능력도 커나갈 것이다.

"싼 주식"이 꼭 괜찮은 투자 대상은 아니다.

반드시 싸면서 동시에 좋은 주식이라야 한다.

우리 주위에 훌륭한 사람들이 가득 하면 한 인간
으로 성장하는 데 큰 도움이 된다. 반대로 몹쓸 사
람들과 어울린다면 딱 이런 속담 꼴이 날 것이다.
"개들과 함께 잠자리에 들면 벼룩에 물려 깨어날
것이다."

친구와 동료들이 어떤 인간인가는 우리 자신의
인격 형성에 결정적인 영향을 미친다. 인격적으로
성장해가고 더 나은 사람이 되기 위한 방안을 부단
히 찾아보라. 우리가 존경하고 우러를 만한 행동과
믿음을 보여주는 그런 사람과 함께하라.

누가 훌륭한 사람인지 알아보기란 그리 쉽지 않
다. 명심해야 할 점은 "싸구려" 인간관계는 맺어서
는 안 된다는 것이다. 이런 관계는 맺기는 쉽지만 장
기적으로 값비싼 대가를 치를 수 있다. 사실 훌륭
한 사람을 선별하려면 자신의 인생 목표를 명확하
게 하듯 자기를 면밀히 가다듬는 기술이 필요하다.

매수하기 전에 먼저 좋은 주식인지 살펴보라

나 자신이 갖춰야 할 훌륭한 성품이 무엇인지 알아 냈다면 자연히 그런 성품을 지닌 인물이 눈앞에 나 타날 것이다. 이제 서로에게 도움을 주면서 함께 배 워나갈 수 있을 것이다.

"싸구려 인간관계"는 외면하라.

정신적으로, 도덕적으로 훌륭한 성품의 사람과 어울려라.

그래야 그대가 선택한 그런 사람처럼 되는 데

도움을 받을 수 있다.

매수하기 전에 먼저 좋은 주식인지 살펴보라

06

시장의 유행이나 전망이 아니라

가치를 사라

주식이 갖고 있는 진정한 가치를 사라. 시장의 유행이나 경제 전망에 흔들려서는 안 된다. 주식시장이란 말 그대로 "주식이 거래되는 시장"이라는 점을 현명한 투자자는 잘 알고 있다. 강한 상승장에서는 개별 종목들이 강세 모멘텀을 업고 동반 상승하기도 한다. 하지만 궁극적으로 개별 종목들이 시장의 흐름을 결정짓는 것이지 시장의 흐름이 개별 종목의 주가를 결정하는 것은 아니다. 시장의 유행이나 경제 전망에만 매달린다면 "개별 종목의 주가는 약세장에서도 상승할 수 있고 강세장에서도 하락할 수 있다"는 점을 놓칠 수 있다.

주식의 가치란 개별 종목 각각에 내재한 고유한 것으로, 투자 시점마다 변동이 심하다. 주식시장과 경제 상황은 발맞춰 행진하듯 똑같이 움직이지 않는다는 점을 명심하라. 약세장이 경기 침체 국면과 늘 일치하는 것은 아니며, 기업 이익이 전반적으로

감소한다고 해서 반드시 주가도 함께 떨어지는 것
은 아니다.

ॐ

주식시장의 유행이나 경제 전망에 휘둘리기 보다는

개별 종목의 진정한 가치를 찾아내고자 애쓰는 것이

바로 성공 투자의 열쇠다.

우리는 어떤 일이나 사람을 제대로 보지 못한 채 선
입견에 사로잡히거나 무턱대고 비난하곤 한다. 그
러나 실제 상황을 냉정하게 바라보고 다른 사람들
의 의견에도 현혹되지 않아야 비로소 그 일이나 사
람의 숨겨진 가치를 더 잘 평가할 수 있다.

  내 인생의 중요한 결정은 나 자신의 냉정한 평가
에 따라야 한다. 대중적인 유행을 좇아서는 절대 안
된다. 다시 말하지만 나 자신의 인생 길을 개척해
나가면서 군중을 뒤따르려는 생각은 버리라. 군중
이 늘 최선의 행동을 하는 것은 아니다. 군중은 오
히려 중요한 결정을 내리면서 무엇이 가장 가치 있
는지 전혀 생각하지 않는 경우가 많다.

  충분한 시간을 갖고서 피상적인 여론이나 유행
너머의 것을 보려고 한다면 우리 삶에서 더 나은 선
택을 할 수 있음은 물론 더 나은 방법으로 사람을
평가할 수 있을 것이다. 어떤 일이나 사람의 가치를

시장의 유행이나 전망이 아니라 가치를 사라

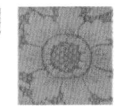

파악하기 위해서는 단순한 평판 이상의 것을 알아야 한다. 더 많은 사실을 수집하고, 미묘한 차이와 모호한 구석을 확실히 구분하며, 스스로 결정을 내릴 수 있는 용기도 가져야 하는 것이다.

어떤 결정이든, 특히 내 인생에
영향을 미쳤으면 하는 사람과 관련된 결정을 내릴 때는
오롯이 내 생각에 따라 판단해야 한다.
결코 다른 사람의 의견에 흔들려서는 안 된다.

시장의 유행이나 전망이 아니라 가치를 사라

07

위험을 분산하라

이 세상 다른 많은 분야와 마찬가지로 주식이나 채권 역시 다양하게 보유할수록 위험을 줄일 수 있다. 제아무리 신중하게 투자했든, 최선을 다해 조사했든, 누구도 앞날을 예측할 수 없고 마음대로 만들어갈 수 없다. 갑자기 허리케인이 몰아치거나 지진이 발생할 수 있고, 원자재 공급업체가 파업할 수도 있다. 정부에서 생산제품에 대해 리콜 명령을 내리기도 하고, 경영진 내부에서 심각한 문제가 야기되기도 한다. 내가 투자한 기업에서 이런 일이 벌어지면 거액의 손실이 불가피하다.

포트폴리오의 어느 부분에서든 불가피하게 발생할 수 있는 이런 문제들로부터 스스로를 보호하기 위해서는 반드시 위험을 분산해야 한다. 다양한 기업, 다양한 산업, 다양한 리스크, 다양한 국가를 고려해 자금을 나눠 투자해야 하는 것이다. 큰 그물을 넓게 펼쳐서 던지면 노력의 대가를 얻을 수 있

64

다. 가령 전세계를 대상으로 살펴보면 한 나라 경제 안에서 발견할 수 있는 것보다 훨씬 뛰어난 투자 대상을 더 많이 찾아낼 것이다.

분산 투자를 대수롭지 않게 여겨서는 절대 안 된다. 그동안 익숙하지 않았던 분야에까지 현명한 투자 결정을 내리려면 열심히 조사하고 땀을 흘려야 한다. 분산 투자 덕분에 거둔 이익은 이 같은 노력을 충분히 보상해주고도 남을 것이다.

위험 분산은 포트폴리오의 균형을 맞춰준다.

이를 통해 더욱 안전하고 건강한 투자를 할 수 있다.

65

오로지 일만 하는 사람, 놀기만 하는 사람, 불평만
늘어놓는 사람, 이런 사람들은 우리 삶을 보다 다
양하게 접근할 때의 즐거움을 알지 못한다. 아무도
모르는 특별한 주제를 혼자만 공부했다고 해서 참
다운 교육을 받았다고 할 수는 없다.

무슨 일을 하든 마찬가지다. 다른 건 전부 무시
하고 오로지 삶의 한 측면에만 모든 에너지를 쏟는
다면 인생이 주는 기쁨과 다채로움을 느껴보지도
못한 채 그저 한 곳에만 머물며 정력을 다 허비하
는 것이다.

가진 달걀을 전부 담은 바구니를 잃어버린다면
이제 손에는 아무것도 안 남는다. 우리 삶의 여러
관심 분야에 힘을 쏟다 보면 자연스레 더욱 풍요로
워진 인생을 발견하게 될 것이다. 주말이면 목공 일
을 하는 대학교수, 매일 신학 서적을 공부하는 물리
학자, 여름 휴가철마다 셰익스피어 페스티벌에 참가

하는 목수 같은 이들처럼 말이다.

자신의 에너지를 단 한 가지 일이나 분야에 집중한다고 해서 인생이 더 나아지는 것은 아니다. 가족과 친구, 직업과 종교, 예술 활동과 여가 생활 같은 데서 다양하게 즐거움을 찾고 균형 있는 삶을 꾸려갈 때 비로소 존재감도 높아지고 보다 완성된 인격체로 성장할 수 있다. 지혜란 우리 인생의 한 측면에서 배운 것들을 다른 분야에서 배운 것과 합치는 데서 만들어지는 것이다.

자신의 에너지를 인생의 여러 다양한 분야에 투자하면
더욱 값진 수확을 거둘 것이다.

위험을 분산하라

o8

스스로 공부하라,
아니면 전문가의 도움을 받으라

최선의 투자 결정을 내리기 위해서는 확실한 팩트를 갖고 있어야 한다. "투자하기 전에 면밀히 조사해보라"고 알려주는 사람에게 귀를 기울이라. 여러 다양한 기업들을 연구해 어떻게 성공할 수 있었는지 파악하고, 투자 대상을 선택하기 전에 전력을 기울여 공부해야 한다. 그리고 전문가의 도움을 받아 지금 거두고 있는 보통 수준의 수익률을 돋보이는 수준으로 끌어올려야 한다.

이 점을 떠올려보라. 투자자들은 대개 기업의 이익이나 자산을 보고 매수한다. 자유시장 국가에서 이익과 자산은 대부분의 기업 주가를 결정짓는 중요한 재료다. 다우존스 평균주가가 됐든 나스닥 지수가 됐든 순이익 대비 시가총액의 비율은 주당 순자산가치 대비 시가총액의 비율과 비슷하게 움직인다. 어느 기업이 성장할 것을 기대하고 주식을 매수했다면 그건 미래의 순이익을 산 것이다. 지금의 주

스스로 공부하라, 아니면 전문가의 도움을 받으라

가보다 더 높은 가격에 인수되거나 청산될 것으로
기대하고 그 기업의 주식을 매수했다면 그것은 자
산가치를 산 것이다.

　왕겨 더미에서 밀알을 골라내려면 필요한 모든 사
실을 확보하는 게 중요하다.

스스로 조사하든 전문가의 도움을 받든

강력한 지식의 토대를 쌓아야

현명한 투자 결정을 내릴 수 있다.

스스로 공부하라. 아니면 전문가의 도움을 받으라

연구하고 계획하고 분석하라. 도약하기 전에 먼저 앞을 봐야 한다고 해서 인생을 즐기지 못하는 것은 아니다. 오히려 불필요한 시행착오를 피할 수 있다. 물론 즉흥적인 자연스러움이라는 게 있어서 전혀 기대하지 않았던 삶의 풍취와 의외의 즐거움을 가져다 주기도 한다. 그러나 진짜 중요한 결정을 내려야 할 때 미리 계획을 세워두는 것은 도움이 될 뿐만 아니라 반드시 필요한 일이기도 하다. 인생의 결정적인 사건이 언제 어떻게 그 모습을 드러낼지 우리는 알지 못한다. 하지만 정확한 정보들로 만반의 채비를 갖춘다면 대다수 사건들에 대비할 수 있다.

자신이 상황을 충분히 정확하게 분석할 만한 능력을 갖추지 못했다고 생각한다면 두려워하거나 부끄러워하지 말고 전문가의 조언을 구하라. 나 자신이 완벽하지 않다는 것을 인정한다고 해서 나약해지는 것은 아니다. 더 많은 경험과 학식을 갖춘 사

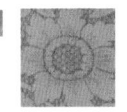

람의 지혜를 구하는 것이야말로 진정한 자산이라
는 점을 깨달으면 더 어려운 결정을 내릴 때 큰 도
움이 된다. 이런 지혜를 터득함으로써 우리는 더 훌
륭한 인간으로 성장할 수 있는 것이다.

　오만함으로 인해 자신에게 필요한 도움이나 가르
침을 얻지 못한다면 그런 오만함은 그야말로 끔찍
한 원수일 것이다.

충분히 생각하고 연구해서, 그리고

다른 이들로부터 도움을 구해서 결정을 내린다면

삶의 고비에서 현명한 선택을 하는 데

큰 힘이 될 것이다.

73

09

투자에 주의를 게을리 하지 말라

방심은 절대 금물이다. 자신의 투자자산을 아주 적극적으로 감시하라. 어떤 강세장도 영원히 이어지지 않는다. 약세장 역시 언젠가는 끝난다. 이 세상에 확실한 주식이란 없다. 그저 사놓고 잊어버려도 되는 그런 주식은 없다. 변화의 속도는 놀라울 정도로 빠르다. 그러니 투자자는 변화를 예상하고 변화에 적절히 대응할 수 있어야 한다.

최고의 수익률을 거두기 위해서는 자신이 투자한 자산에 대해 잘 알고 있어야 한다. 언제든 조치를 취할 수 있어야 한다. 그러려면 한 순간도 주의를 게을리해서는 안 된다. 자만은 당황과 실망을 불러오는 초대장과 같다. 앞으로 닥칠 변화에 능동적으로 대처할 수 있도록 늘 준비하고 있어야 한다.

다우존스 평균주가에 영향을 미치는 요인들이 시시각각 얼마나 변동하고 있으며, 주식시장에 상장된 기업들에게는 또 얼마나 많은 일들이 벌어지고

투자에 주의를 게을리 하지 말라

있는지 한번 생각해보라. 파산, 기업 인수, 합병, 민영화 같은 일이 아무런 경고도 없이 일상적으로 이뤄지고 있다.

요즘처럼 소송을 좋아하는 세상에서는 결정적인 집단소송 한 건으로 인해 잘 나가던 기업이 고꾸라지기도 한다. 정부조차도 정치 세력의 계속적인 변화에 따라 주기적으로 흔들리곤 한다. 그러니 누군가가 내 투자자산에 주의를 기울여줄 것이라고 생각하지 말라. 물론 진실한 펀드매니저나 투자자문가라면 예외일 것이다. 그렇다 해도 나 자신만큼 내 투자자산에 관심을 가져줄 사람은 이 세상에 없다.

현명한 투자자는 한시도 방심하지 않고
변화의 조짐을 찾으며, 자신의 투자자산을 지키는 데
주의를 게을리 하지 않는다.

살아가면서 만나게 될 숱한 변화들을 전부 예측할
수는 없다. 우리가 직면해야 할 도전들에 어떻게 맞
서야 할지도 미리 예상할 수 없다. 이 세상은 우리
가 아무리 안정시키려 해도 한시도 쉬지 않고 요동
치며 변화한다. 스스로 거기에 적응해야 하지만 때
로는 시간이 없어 미처 준비하거나 제대로 숙고하
지 못할 것이다. 그러니 언제든 긴장한 자세로 깨어
있어야 하는 것이다.

  늘 긴장한 자세로 깨어있으려면 우리 자신의 평
판을 끊임없이 재평가해야 한다. 헤라클레이토스는
말하기를 "인간의 운명은 그의 평판에 따라 결정된
다"고 했다. 그런 점에서 우리는 자신의 운명을 써
내려 가고 있는 것이다. 앞으로 무슨 일이 닥쳐올지
준비하면서 자신을 냉정하게 평가해보고 스스로 더
욱 커나가기 위해 애쓰는 것이다.

  매일매일의 삶에서 마주치는 도전들에 맞설 수

투자에 주의를 게을리 하지 말라

있는 능력은 정신적인 힘에 달려 있다. 우리를 둘러싼 이 세상에서 어떤 일이 벌어질지 알 수는 없다. 하지만 분명한 것은 우리의 정신적 자산과 개인적인 흠결들을 솔직하게 인정함으로써 자신의 삶을 더 향상시킬 수 있도록 정신적으로 준비할 수 있다는 것이다.

나에게 중요한 것이 무엇인지 스스로 자문해보라. 나는 지금 어디로 가고 있는가? 이 세상을 더 살기 좋은 곳으로 만들기 위해 당장 무슨 일을 할 수 있는가?

물질적인 재산은 물론 정신적 자산까지
주의 깊게 살펴본다면 살아가면서 겪는 변화들에
훌륭히 대처할 수 있을 것이다.

IO

패닉에 빠지지 말라

경제 위기가 최고조에 달했을 때 투자자들이 저지르는 최악의 행동은 패닉에 빠지는 것이다. 두려움에서 비롯된 이런 상황에 반사적으로 행동하는 것은 현명하지도 않을 뿐만 아니라 도움도 되지 않는다. 혹시 남들은 다 팔기 시작했는데 나만 팔지 않은 것인지 모른다. 그러다 보니 1987년 대폭락 당시 많은 사람들이 그랬던 것처럼 시장이 추락하는 와중에 꼼짝없이 붙잡혔을 수 있다. 단 하루만에 엄청난 손실을 보게 된 것이다. 이럴 때는 본능적으로라도 증권회사에 전화를 걸어 최대한 빨리 팔아달라고 할 것이다. 그러나 이런 행동이야말로 패닉에 빠진 사람의 전형적인 반응이다.

패닉의 공포가 엄습해도 여기에 굴복하지 말라. 다음날 아침 일찍 서둘러 매도하는 우를 범해서는 안 된다. 팔아야 할 시점은 폭락 이전이지 이후가 아니다. 그 대신 숨을 한번 깊이 들이쉰 다음 조용히 자

패닉에 빠지지 말라

신의 포트폴리오를 분석해보라. 지금 이 주식들을 보유하고 있지 않다고 해보자. 그러면 주가가 폭락했으니 매수할 것인가? 선택은 나 자신에게 달려 있다. 그래도 주가는 더 떨어질 수 있다. 패닉에 빠져 주식을 파는 것은 포트폴리오를 바로잡는 것이 아니라 반사적인 행동일 뿐이다.

주가가 폭락한 다음 주식을 매도해야 할 유일한 이유는 더 매력적인 다른 종목을 사기 위해서일 것이다. 하지만 굳이 이 시점에 다른 종목이 내가 지금 보유하고 있는 주식보다 더 좋아 보일 리는 없다. 시장이 추락하기 전에 내 포트폴리오가 괜찮았다면 처음에 이 주식들을 매수했을 때의 믿음을 버려서는 안 된다.

금융 위기 상황에서는 일단 포트폴리오를 냉정하게 평가해봐야 한다. 패닉에 빠져 허겁지겁 팔아서는 안 된다. 더 좋아 보이는 주식을 발견하지 않았다면 말이다.

83

살아가다 보면 누구나 어려운 도전과 위기의 순간에 직면하게 된다. 바로 이런 순간이야말로 믿음이 가장 절실한 시점이다. 잠시 긴장을 풀고 깊이 심호흡을 해보라. 두려움에 사로잡히면 냉정하게 행동하지 못한다. 더욱 나쁜 것은 두려움으로 인해 생각해보지도 않고 위기에 반사적으로 대응하는 것이다. 이럴 때일수록 자신을 면밀히 돌아보고, 긴 시간 속에서의 변화라는 맥락에서 전체적인 상황의 실상을 평가해봐야 한다.

자신의 신념에 기초해 위기를 제대로 평가할 수 있다면 혼자 힘으로 패닉의 상황에서 벗어나 적절한 행동을 취할 수 있을 것이다.

만일 그렇게 했는데도 여전히 패닉에서 벗어나지 못했다면 자신의 믿음을 다시 살펴봐야 한다. 두려움과 믿음은 결코 함께할 수 없기 때문이다. 이 세상을 관장하는 섭리에 대한 믿음은 두려움을 몰아

패닉에 빠지지 말라

낸다. 지난날 어려웠던 시절을 견뎌낼 수 있게 해준 강인함을 떠올려보라. 이 세상에는 더 높은 섭리— 신일 수도 있다—가 있어서 우리 앞에 그 어떤 두려움이 닥친다 해도 이겨낼 수 있게 해줄 것이라는 신념을 가지라.

살다 보면 숱한 도전이 앞을 가로막는다. 그럴 때 위기를 두려움의 원인이 아니라 강력한 힘의 원천으로 바라볼 수 있도록 내 영혼의 정수精髓를 믿으라.

위기에 직면했을 때는
자신의 믿음을 떠올리고 마음을 굳게 다져야 한다.
그래야 두려움을 이겨낼 수 있다.

II

실수로부터 배우라

아무런 실수도 저지르지 않는 유일한 길은 아예 투자를 하지 않는 것이겠지만 실은 이것이야말로 치명적인 실수다. 그러니 작은 실수를 저지른 자기 자신을 너그러이 용서하라. 실수를 저질렀다고 해서 낙담해서는 안 된다. 더 큰 위험을 무릅쓰고서라도 손실을 만회하겠다고 덤벼서는 절대 안 된다. 그 대신 이번 실수를 값진 경험으로 여기고 가르침을 얻어야 한다. 그때 무엇이 잘못되었는지 정확히 파악하고, 어떻게 하면 앞으로 똑같은 실수를 반복하지 않을 수 있는지 연구해야 한다.

이전과 사실상 동일한 상황이 벌어지고 있는데도 "이번에는 달라This time is different"라고 말한다면 그것은 투자의 세계에서 제일 값비싼 대가를 치르게 만드는 네 단어를 입에 올린 것이다. 무엇을 잘못해서 실수를 저지르게 됐는지 그 원인을 확실하게 찾아내지 않는다면 상황을 변화시킬 수 없다.

실수로부터 배우라

자신이 저지른 실수에 대해 책임지는 자세야말로 성공했다는 평판을 얻는 것보다 훨씬 소중한 자산이다.

무슨 일을 하든 실수는 자연스레 따라온다. 실수를 실패와 연관짓지 말라. 실수를 저질렀다고 해서 다들 자신이 실패했다고 생각한다면 주식시장에서 성공한 사람은 하나도 없을 것이다. 존 템플턴 경조차도 자신의 투자 가운데 3분의 1은 잘못된 것이었다고 인정했다. 그러나 나머지 3분의 2가 그에게 위대한 성과를 가져다 준 것이다.

성공하는 투자자와 그렇지 못한 투자자의
가장 큰 차이는 자신의 실수를 인정하고
거기서 배우는가 하는 것이다.

실수를 하기에 인간이다. 우리 인간은 태생적으로 실수를 저지르게 돼 있다. 인정하기는 싫지만 어쩔 수 없는 진실이다. 누구나 탁월한 존재가 되기를 원하고, 이것은 고귀하면서도 가치 있는 목표다. 하지만 완벽함이란 우리가 도달할 수 있는 영역이 아니다. 그래서 이를 핑계로 시도조차 하지 않는 경우도 있다.

실수로부터 배우는 가르침의 가치를 제대로 이해하지 못한다면 실수를 저지를지도 모른다는 두려움으로 인해 아무 일도 못할 수 있다. 잘못될 수도 있겠다는 생각에 사로잡혀 꼼짝도 않고 가만히 있는다면 앞으로 나갈 수 있는 기회를 잡지 못할 것이며, 새로운 작업이나 발명이나 창작 같은 일은 엄두도 내지 못할 것이다.

최선을 다하는 가운데서도 실수는 찾아온다는 점을 이해하라. 가장 큰 실수는 인생을 깊게 살지 않

실수로부터 배우라

고 방관자처럼 손놓고 있는 것이다. 실수를 하나하나씩 면밀히 분석해보라. 실수가 어디서 비롯됐는지 이해하고, 앞으로 어떤 조치를 취하고 선택이나 결정을 할 때 여기서 배운 것을 교훈으로 삼으라.

시행착오가 없었다면 과연 지난 세기에 인류가 이뤄낸 성취들이 하나라도 가능했겠는가? 라이트 형제는 하늘을 날아본 횟수보다 추락한 횟수가 더 많았지만 추락할 때마다 새로운 정보를 얻어냈고, 이것으로 인간이 하늘을 날 수 있는 정확한 공식을 도출해냈다. 성공을 목표로 하라. 그리고 명심하라. 갑작스레 암초를 만난다 해도 그로 인해 목표까지 단념해서는 안 된다.

인간이기에 어쩔 수 없이 실수를 저지르지만
여기서 얻은 교훈 덕분에 인간은 발전해온 것이다.

91

12

기도를 통해
평정심과 통찰력을 얻으라

무슨 일이든 기도와 함께 시작하면 생각이 더욱 명료해지고 실수도 줄어든다. 정보의 홍수 속에서 갈팡질팡하는 것은 투자자에게 가장 큰 적이다. 온갖 매체를 통해 투자 뉴스가 "상품화되는" 요즘 주식시장은 투자자들을 쉽게 혼란에 빠뜨린다. 선택지가 너무나도 많고 정보는 넘쳐나다 보니 이를 다 소화해내지 못하는 것이다.

예전에는 투자를 한다는 게 지금보다 훨씬 간단한 사업이었다. 오늘날 투자의 세계에서는 치열한 경쟁이 벌어지고 있고, 여기서 성공하려면 정보와 노하우 이상의 무엇이 필요하다. 그래서 지식과 지혜를 구분해야 하는 것이다.

또 하나 명심해야 할 것은 투자란 수익률이 전부가 아니라는 점이다. 우리 자신이 부유해질 수 있는 비밀은 바로 남들을 부유하게 만들어주는 것이다. 탐욕에 눈이 어두워 손대는 것은 무엇이든 황금으

기도를 통해 평정심과 통찰력을 얻으라

로 변하기를 바랐던 미다스 왕 같은 자세를 버리기만 한다면 투자를 하면서 더욱 건설적인 힘을 발휘할 수 있을 것이다.

스튜어드십, 즉 내가 가진 재능과 재산이 실은 내 것이 아니라 인류 전체의 행복을 위해 맡겨둔 것이라는 수탁자 정신은 훌륭한 투자의 핵심 요소다. 기도가 우리를 이 같은 믿음으로 이끌어주는 것이다.

기도와 함께 오는 평온한 마음은
투자 결정을 내릴 때 일체의 혼란을 사라지게 한다.

95

삶이 뜻대로 되지 않거나 정신이 혼란스럽고 맑지 못할 때는 기도를 하라. 그러면 다시 중심을 잡을 수 있다. 기도를 통해 발견하는 평정과 위안은 그 어떤 다른 방법으로도 얻을 수 없다. 기도는 내면에서 우러나오는 것이다. 기도할 때는 나를 둘러싼 바깥 세상에 눈을 감아야 한다. 그러면 자연히 에너지를 집중할 수 있는 기회가 드러난다.

새로운 일에 착수하거나 새로운 시도를 할 때 기도와 함께 시작하는 것은 매우 현명한 태도다. 기도는 마음을 열어준다. 그래서 기도하지 않았다면 명료하게 볼 수 없었을 선택지나 대안을 찾아낼 수 있는 것이다. 또한 기도는 정신을 맑게 해준다. 매일매일의 사건들에 시달리다 보면 자주 경험하는 두통과 혼란스러움을 깨끗이 씻어내는 것이다.

중대한 도전에 마주쳤을 때 기도를 통해 나 자신을 굳건히 한다면 더욱 강력한 힘과 의지를 발견할

기도를 통해 평정심과 통찰력을 얻으라

Spiritual Principle

수 있다. 기도를 한다고 해서 항상 원하는 해답을 얻는 것은 아니다. 그러나 그저 기도를 드림으로써, 인도해주십사 간청함으로써, 우리 정신은 평온해지는 것이다. 전혀 상상하지 못했던 새로운 아이디어와 기막힌 해결책이 바로 이런 평온한 정신에서 나올 수 있다. 물론 진실로 올바른 질문을 던진다면 그보다 더 자주 필요한 답을 받게 되겠지만 말이다.

인생 중대사를 결정해야 할 때

최고선the highest good**을 지향할 수 있도록 기도하라.**

97

기도를 통해 평정심과 통찰력을 얻으라

13

평균 이상의 수익률을 거두기가
얼마나 어려운지 알라

주식시장 전체보다 더 앞서는 수익률을 올린다는 목표는 그저 일반적인 평균 투자자보다 더 나은 투자 결정을 내린다고 해서 달성되는 게 아니다. 이 목표가 진짜 어려운 이유는 대형 기관에서 일하는 프로 투자자들보다도 뛰어난 투자 결정을 내려야 하기 때문이다.

게다가 다우존스 평균주가나 나스닥 지수 같은 주가지수는 통상 주식을 매매할 때 내야 하는 수수료 부담이 없다. 주식 투자에 따르는 리스크도 전혀 고려할 필요가 없다. 애널리스트나 펀드매니저에게 월급을 줄 이유도 없다. 게다가 투자회사들은 이런 주가지수와는 달리 자금을 100% 투자할 수도 없는데, 투자자의 요구가 있으면 언제든 지급할 수 있게 현금을 일부 보유하고 있어야 하기 때문이다.

그런 점에서 꾸준히 주가지수를 앞서는 수익률을 기록한 투자회사는 실제로 사람들이 생각하는 것

평균 이상의 수익률을 거두기가 얼마나 어려운지 알라

보다 훨씬 더 뛰어난 일을 하고 있는 것이다. 더구나 투자회사가 거둔 성과가 주가지수 상승률을 크게 앞섰다면 그야말로 최고의 투자를 하고 있다고 말할 수 있다.

시장 전체보다 높은 수익률을 올리겠다는
야심만만한 목표는 신중한 자세로 추구해야 한다.

평균 이상의 수익률을 거두기가 얼마나 어려운지 알라

한 인간으로서의 성공이든 직업적인 성공이든 누구나 성공을 향해 매진한다. 하지만 그렇게 노력하는 과정에서 숱한 장애에 직면한다. 목표를 향해 달려가다 보면 정말로 힘든 고난이 가로막는 경우가 자주 있다.

심한 압박과 스트레스 속에 이런 어려움들을 겨우 이겨냈는가 했는데 더 큰 장벽이 나타나기도 한다. 그러나 냉정하게 현재 상황을 판단해보면 생각한 것보다 훨씬 더 잘 해내고 있음을 종종 발견한다.

가끔은 다람쥐 쳇바퀴 돌 듯 끊임없이 속도는 내보지만 눈앞에 보이는 건 늘 변함없는 제자리처럼 느껴질 때가 있다. 그러나 이런 순간에도 지금 하고 있는 쳇바퀴를 돌리는 일이나 속도를 높이는 일이 실은 엄청난 노력을 필요로 한다는 점을 깨달아야 한다. 그래야 아무리 작은 것이라도 그것을 얻었다

평균 이상의 수익률을 거두기가 얼마나 어려운지 알라

는 데 감사할 수 있다.

목표를 추구하다 보면 많은 장애물이 불가피하게 나타난다는 점을 받아들인다면 기꺼이 준비된 자세로 어려움을 맞이할 수 있다. 그렇게 하지 않는다면 시련을 겪을 때마다 용기를 잃고 목표마저 상실해버린다. 진정으로 가치 있는 목표는 쉽게 이뤄지지 않는다. 그러나 믿음과 결의가 있다면 진지한 노력을 통해 성공을 향한 길을 열어갈 수 있을 것이다.

성공하려면 반드시 부단한 노력과 불굴의 의지가

있어야 한다는 점을 이해한다면

내가 이뤄낸 업적과 내가 얻어낸 성과를

냉정하게 평가하고

감사히 여길 수 있을 것이다.

평균 이상의 수익률을 거두기가 얼마나 어려운지 알라

14

자만을 버리고 겸손하라

자신이 투자에 관한 모든 해답을 갖고 있다고 생각한다면 그건 실망의 쓰디쓴 술잔을 입에 대는 것이며, 최악의 경우 참담한 실패로 이어질 수 있다. 스스로 터득한 일단의 투자 원칙을 명확히 해두는 것은 가능하다. 그러나 이런 투자 원칙을 불변의 진리마냥 모든 상황에 적용할 수는 없다. 투자의 세계는 물론이고 경제적, 정치적 환경도 끊임없이 변하기 때문이다. 변하지 않는 것은 없다.

강세장이 계속되면 잇단 성공에 취해버리기 십상이다. 자신의 지식과 능력을 과신하고 자만에 빠지는 것이다. 하지만 이런 "방심"은 매우 위험하고 그릇된 것이다. 자만에 빠지면 반드시 방심하게 되고, 재앙적 손실까지는 아니더라도 큰 실망을 맛보게 된다.

일본이 제2차 세계대전 후 세계적인 경제대국으로 부상하리라고 과연 누가 예상할 수 있었으며,

자만을 버리고 겸손하라

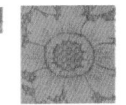

러시아와 동구권에서 공산주의 정권의 붕괴가 몰고 온 충격을 그 누가 상상했겠는가? 실패하지 않는 투자 원칙이나 절대 불변의 투자 원칙 따위는 없다. 투자 원칙이란 그저 가이드라인일 뿐이다. 부단히 발생하는 불가피한 변화에 늘 개방적인 시각을 유지해야 한다.

투자자는 이 점을 잊지 말아야 한다.
성공이란 새로운 질문들에 끊임없이 답을 구하고자
노력하는 과정이라는 것을 말이다.

자만을 버리고 겸손하라

인생이란 변화의 연속이며 계속해서 새로운 도전
을 만들어낸다. 만일 자신이 모든 해답을 알고 있
다고 생각한다면 그건 어리석을 뿐만 아니라 슬픈
일이기도 하다. 닫힌 마음에서 비롯된 이런 사고
는 새로운 영감과 새로운 발견마저 애써 외면해버
리게 만든다.

참신한 생각이나 아이디어, 새로 만나는 사람들
에게 항상 마음을 열어 보라. 그처럼 소중한 생각
과 아이디어, 사람들이 얼마나 긍정적인 영향을 미
치는지 확실히 알게 될 것이다. 그러면 자연히 부정
적인 영향을 미치는 것들도 사라질 것이다.

어린아이들은 누구나 이 세상과 그 복잡함에 대
해 본능적으로 신비함을 느낀다. 바로 이런 경이로
움을 잊지 않는 것이 중요하다. 알버트 아인슈타인
은 말하기를, 우리는 "신성한 호기심"을 절대로 잃
어서는 안 된다고 했다. 그러나 불행하게도 이런

자만을 버리고 겸손하라

호기심과 상상력, 신비함을 느끼는 감각과 질문하는 능력은 자기 스스로 이 놀라운 세상의 경이로움을 향해 마음을 닫아버림으로써 쉽게 사라져버리고 만다.

아직껏 풀지 못한 이 우주의 찬란함과 섭리에 마음을 열면 자연히 겸손해질 것이다. 이런 겸손한 자세로부터 비로소 지금까지 깨닫지 못했던 섭리를 이해하고 거기에 고개 숙일 수 있으며, 그 과정에서 우리 주위에 뚜렷이 나타나는 이 우주의 위대한 힘에 경외하게 될 것이다.

❧

겸손한 자세야말로 지혜를 얻는 시발점이다.

자만을 버리고 겸손하라

15

세상에 공짜는 없다

투자자가 새겨두어야 할 수많은 경구警句 가운데 첫째는 이것이다. "감정에 이끌려 투자하지 말라." 자신이 처음으로 일했던 직장 내지는 처음 구입한 승용차를 만든 회사라면 괜찮은 기업일지 모른다. 그러나 괜찮은 기업의 주식이라고 해서 꼭 괜찮은 투자 대상은 아니다. 그 회사가 진정 초일류 기업이라 해도 주가는 이미 너무 올라버렸을 수 있다.

"무조건 안전하다며 IPO 주식에 투자하는 것을 경계하라." 미국 주식시장에 처음으로 상장하는 종목(IPO 주식)은 매수수수료가 들지 않으니 그만큼 싸다고 생각하곤 하는데, 실은 이런 수수료도 이미 주가에 반영돼 있다. 더구나 신규 상장 직후 주가가 떨어지는 경우도 자주 있다. 그렇다고 해서 IPO 주식을 사지 말라는 것이 아니다. 무조건 안전하다는 생각으로 함부로 투자해서는 안 된다는 말이다. 보이지 않는 비용이 드러난 것보다 더 클 수 있다는

점을 명심하라.

"내부자 정보만 믿고 투자해서는 절대 안 된다."
당신 역시 이 말만큼은 틀림없다고 고개를 끄덕일
것이다. 맞다. 그러나 얼마나 많은 투자자들이, 그
것도 학식이 풍부하며 성공적인 경력을 쌓은 사람
들이 내부자 정보만 믿고 투자하는지 알면 깜짝 놀
랄 것이다. 내부자 정보에는 심리적으로 솔깃해지
는 뭔가가 있다. 이런 심리의 본질은 내부자 정보를
이용해 일확천금을 노리려는 것이다. 실제로 그렇
게 되는 경우는 거의 없지만 말이다.

투자의 세계에서도 보상은 쉽게 주어지지 않는다.
뿌린 만큼 거둘 수 있을 뿐이다.

힘들게 일했는데도 별 진전이 없거나 그저 제자리
만 맴돌 때면 쉽게 낙담해버린다. 괜히 주위를 둘
러보고 다른 이들의 성공을 질시하곤 한다. 그러나
이건 그들이 거둔 성공의 이면에 있는 노력을 이해
하지 못해서다. 하루아침에 벼락부자가 될 수 있다
는 생각만큼 달콤한 것도 없다.

그러나 근면성실과 불굴의 의지, 확고한 신념의
결실은 하루아침에 맺어지는 게 아니다. 멀리 봐야
한다. 목표를 향해 내가 가진 재능과 열정을 다 쏟
아낸다면 이루지 못할 일은 없다.

물론 내가 손에 쥘 수 있는 것에는 한계가 있다.
인간관계나 지식, 지혜, 경제적인 성공 같은 것들은
전부 그것을 일궈내기 위해 부단히 노력해야 하고,
유지하기 위해서도 꾸준히 힘써야 한다.

당장의 성과가 너무 천천히 조금씩 온다고 제풀
에 지쳐 쓰러져서는 안 된다. 마땅히 거둔 것보다

더 많은 것을 얻었어야 했다며 자책해서도 안 된다.

정말로 소중한 것들은

열심히 노력하고 굳은 결의와 지고의 선을 향한

믿음을 가질 때 비로소 주어진다.

세상에 공짜는 없다

16

너무 두려워하지도 말고
부정적으로 보지도 말라

지난 100년 이상의 세월 동안 미국 주식시장의 승자는 낙관주의자들이었다. 1930년대와 1970년대 같은 암울했던 시기조차 많은 펀드매니저와 개인 투자자들이 주식시장에서 수익을 거뒀고, 특히 보석 같은 소형주를 숱하게 발굴해냈다.

물론 때로는 조정을 겪기도 하고 심지어 급락하는 날도 있다. 그러나 긴 시간을 놓고 보면 주식시장은 계속해서 올라간다는 게 연구 결과 밝혀진 사실이다. 존 템플턴 경이 오래 전에 이미 예측했듯이 공산주의가 몰락하고 핵전쟁의 위협이 급격히 줄어들면서 자유시장 경제는 역사상 최고의 황금기로 접어들었다.

통신기술의 발달과 함께 전세계 경제는 더욱 긴밀하게 통합되고 상호의존적인 모습으로 탈바꿈하고 있다. 기업 활동은 붐을 탈 것이며, 무역과 여행 산업은 계속해서 성장할 것이다. 인류가 누리는 부

역시 증가할 것이다. 이에 따라 주식시장 역시 불가피한 조정을 감안하더라도 상승할 수밖에 없다.

주가의 작은 출렁거림이나 약간의 손실로 인해 실망하거나 용기를 잃어서는 안 된다.

두려움과 부정적인 시각은
투자자로서의 확신을 무너뜨리고
투자의 세계에서 성공하는 데 필요한
능력마저 앗아갈 수 있다.

너무 두려워하지도 말고 부정적으로 보지도 말라

두려움과 부정적인 시각은 사람을 우유부단하게, 소극적으로 만든다. 물론 때로는 두려움과 부정적인 시각을 갖는 게 자연스러운 경우도 있다. 중요한 점은 여기에 압도되어서는 안 된다는 것이다. 두려움과 부정적인 시각의 그림자가 우리 삶에 침투하도록 놔둬서는 안 된다. 두려움에 사로잡혀 무조건 부정적인 시각으로 접근한다면 그 결과는 당연히 그런 감정에 좌우될 것이다.

짚어볼 것은 짚어보고, 곰곰이 생각도 해보고, 다시 한번 숙고해봐야 하는 것은 맞다. 그러나 궁극적으로는 앞으로 나아가야 한다. 그러기 위해서는 내면의 강력한 진실을 토대로 낙관과 희망을 키워야 한다. 높은 곳을 향해야 위로 올라갈 수 있다.

냉소주의와 부정적인 시각은 이미 사회 각 분야, 특히 언론이나 기업, 법조계까지 물들이고 있어서 벗어나기가 쉽지 않다. 그럴수록 무슨 일을 하든 긍

너무 두려워하지도 말고 부정적으로 보지도 말라

정적인 힘의 주체가 되는 게 중요하다.

기대와 희망을 현실감 있게 잘 가다듬을 필요는 있다. 하지만 낙관주의의 밝은 빛이 있다면 상황은 더 나아질 것이며, 다른 이들에게도 영감을 불어넣고 길잡이가 되어주리라는 점을 명심하라.

내면의 진실에서 우러난 낙관주의야말로
성장과 성공을 가져오는 원동력이다.

너무 두려워하지도 말고 부정적으로 보지도 말라

17

선을 행하면 다 잘 된다

주는 것이 받는 것보다 훨씬 더 중요하다. 무엇이든 줄 수 있는 사람은 그런 너그러움에 대한 보답을 경험하게 될 것이다. 인류애를 향한 투자는 경제적으로나 정신적으로 아주 값진 결실을 가져다 준다.

소득의 10% 이상을 자선단체나 종교기관에 기부하는 것은 대단히 훌륭한 투자다. 자신의 시간과 에너지의 더 많은 부분을 진정으로 가치 있는 일에 투자한다면 다양한 차원에서 그 결실을 보게 될 것이다. 미국 정부는 도움이 필요한 사람들에 대한 책임을 점점 더 민간기관과 개인들에게 떠넘기고 있다. 그럴수록 경제적으로 성공한 사람들이 수탁자 정신, 즉 스튜어드십을 발휘하는 것이 더 중요해진다.

사회적으로 의미 있는 활동을 하는 펀드나 기업에 일정 금액을 투자하는 것도 자신이 번 돈이 훌륭하게 쓰여질 수 있도록 분명히 하는 한 방법이다. 거의 알려지지 않은 사실이지만 미국의 50대 뮤추

선을 행하면 다 잘 된다

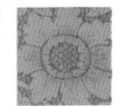

얼펀드 가운데 다섯 개만이—여기에는 프랭클린템플턴펀드에서 운용하는 뮤추얼펀드들도 포함돼 있다—정관에 따라 담배회사나 주류회사, 도박회사 같은 '죄악 기업'에 투자하지 않고 있다. 투자를 하면서 그것이 미칠 잠재적인 충격을 고려하지 않는다면 그 파급은 우리 사회에 해악을 끼칠 수 있으며 그 영향이 어디에까지 미칠지 가늠하기 힘들다.

윤리적인 투자 전략은 경제적인 성공뿐만 아니라
박애주의자로서의 성공도 가져다 줄 것이다.

선을 행하면 다 잘 된다

오랜 생각과 철저한 준비, 최선의 노력에다 내가 가진 재능까지 남김없이 다 바쳤다 해도 남을 돕겠다는 계획이 들어있지 않다면 진정한 성공으로 이어지지 못할 것이다. 일을 할 때나 사람들과 관계를 맺고 종교 활동을 할 때 "그들이 나에게 무엇을 줄 수 있을까?"가 아니라 "내가 그들에게 무엇을 줄 수 있을까?"라는 마음가짐을 가지면 한없이 넉넉한 보상을 받을 것이다.

몇 해 전 화재로 인해 한 공장이 전소됐다. 이로 인해 막 꽃을 피우려던 기업이 무너져버렸고, 100명이 넘는 근로자가 일자리를 잃게 됐다. 이 회사 사장은 필생의 사업이 송두리째 날아가는 쓰라림을 맛봐야 했다. 하지만 그는 화재 보험금으로 공장을 새로 짓는 대신 그 돈으로 직원들의 6개월치 임금 지급을 위한 신탁에 가입했다. 그 결과 어떻게 됐겠는가? 그는 사업을 다시 시작할 수 있는 자금 지원

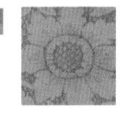

을 여러 곳에서 제안 받았고, 지금 그의 사업은 화재 사고 이전보다 더욱 번창해 있다.

나에게 주어진 재능과 유산은 결코 나 혼자만의 것이 아니다. 인류의 더 나은 내일을 만들기 위해 이 재능과 유산을 잠시 빌려 쓰고 있을 뿐이다. 선행과 친절함, 관대함은 그런 행동을 한 번씩 할 때마다 반드시 성공이 뒤따른다. 살아가면서 무슨 일을 하든 무엇보다 먼저 선행을 하겠다는 마음가짐을 갖는다면 그 결과에 상관없이 더욱 만족하게 될 것이다.

내가 지금까지 받은 것은 선물이다.
그것으로 만들어내는 것이
곧 내가 삶에서 얻는 보상이다.

선을 행하면 다 잘 된다

■ 옮긴이의 글

존 템플턴의 투자철학과 생애

"강세장은 비관적인 분위기에서 태어나 회의적인 시각 속에서 자라나고, 낙관적인 무드에 젖어 청춘을 보내다 풍요로움과 열광에 빠져 종말을 맞는다." 월가의 '영원한 스승' 존 템플턴 경이 남긴 말이다.

주식시장에서 장기적으로 꾸준히 뛰어난 수익률을 거두기는 너무나도 힘들다. 주식시장에서 고생해서 번 돈을 고귀한 목적을 위해 쓰는 것은 더 어렵다. 게다가 생전에 10억 달러 이상의 돈을 기부하고, 자녀들에게는 단 한 푼의 유산도 남겨주지 않기란 말처럼

쉽지 않은 일이다.

존 템플턴은 그렇게 했다. 미국의 경제주간지 〈머니 매거진〉은 1999년 그를 "금세기 최고의 주식투자자"로 선정했지만 〈뉴욕타임스〉를 비롯한 세계 언론들은 그의 부음기사에서 "위대한 투자자이자 박애주의자가 세상을 떠났다"고 전했다.

템플턴을 소개할 때면 빠지지 않고 등장하는 일화가 있다. 다름아닌 그의 오늘을 있게 한 첫 번째 투자 성공 사례다. 예일 대학교에서 경제학을 전공하고, 영국의 옥스퍼드 대학교에 로즈장학생으로 유학을 간 템플턴은 미국으로 돌아와 매릴린치의 투자자문 부서에 잠시 근무한 뒤 지질탐사회사로 옮겼다. 이때 유럽에서 제2차 세계대전이 발발했다는 소식을 접하자 1929년 이후 이어진 근 10년간의 대공황이 끝나리라고 판단하고 1939년 9월 주식 투자에 나섰다.

그는 증권회사에 전화를 걸어 1달러 이하로 거래

되는 모든 종목을 100달러어치씩 매수해달라고 주문
했다. 이렇게 해서 104개 종목에 1만 달러를 투자했
다. 4년 뒤 이들 주식의 가치는 4만 달러가 됐고, 그
는 이 자금으로 자신의 투자자문회사를 출범시킬 수
있었다.

　사실 여기까지가 일반적으로 알고 있는 템플턴의 '1
달러 이하 저가주 투자 성공담'이다. 그러나 그 이면
에는 템플턴의 진면목이 숨어있다. 당시 그의 나이는
스물일곱에 불과했지만 경제의 속사정을 꿰뚫고 있었
다. 전시에는 대부분의 산업 용품과 서비스의 수요가
엄청나게 늘어나 이류, 삼류 기업들도 이익을 낼 수
있으며, 미국은 아직 참전하지 않은 상태였지만 곧 연
합국 측에 전시 물자를 공급할 것이라는 점을 간파
했다는 점이다.

　그가 투자한 104개 종목 가운데 37개는 이미 부도
난 기업이었다. 이 가운데는 미주리 퍼시픽 레일로드

도 있었다. 한때 주가가 100달러가 넘었던 이 회사는 대공황의 여파로 파산 직전이었고 배당금도 지급하지 않았다. 템플턴은 이 회사 우선주 800주를 주당 12센트에 매수했다. 미국이 제2차 세계대전에 참전하자 철도 수요는 폭발적으로 늘어났고, 미주리 퍼시픽도 다시 이익을 내기 시작했다. 그는 투자 원금의 40배인 주당 5달러에 팔 수 있었다.

템플턴은 단순히 저가주 사냥에 나선 것이 아니었다. 충분한 준비와 분석을 통해 아무도 모르는 사실을 알아냈고 결정적인 순간 과감하게 투자했다. 한마디로 비관적인 분위기를 오히려 훌륭한 투자의 기회로 활용한 것이다. 이 사례에서 드러나듯 템플턴이 거둔 성공의 비밀은 진정으로 구하고 묻고 노력하면 성공할 수 있다는 점이다.

템플턴은 또한 월가 투자가들이 세계로 눈을 돌리는 데 선구적인 역할을 했다. 요즘 한국 투자자들에게

도 붐처럼 인기를 끌고 있는 글로벌 투자를 이미 1940
년대부터 실행한 것이다. 특히 1960년대 무렵 아시아
의 변방에 불과하던 일본에 집중 투자하기 시작해 한
때 그가 운용하는 뮤추얼펀드 자산의 절반을 일본 기
업에 투자하기도 했다.

사실 도쿄증권거래소가 개장한 1949년 당시 닛케이
평균주가는 179였고, 1970년대 초까지 도쿄 주식시장
의 시가총액은 전부 합쳐도 IBM 한 회사에도 못 미
쳤다. 그가 일본 주식에 집중 투자하기 시작한 1968
년 도쿄 주식시장에 상장된 주식의 주가수익비율PER
은 평균 3배로 미국의 15배에 비해 턱없이 낮았다.

템플턴은 단순히 일본 주식시장에 주목한 것이 아
니라 그 중에서도 '최고의 저평가the best bargain' 종목을
골라냈다. 히다치, 닛산자동차, 마쓰시다전기, 스미토
모신탁은행, 야스다화재 등이 그가 이 시기에 집중 매
수한 종목들이다. 모두가 우수한 경영진과 세계적인

기술력, 높은 시장점유율을 가진 기업이며, 내재가치
에 비해 매우 낮게 평가된 주식들이었다. 야스다화재
의 경우 장부가치의 20%에 거래될 정도였다.

템플턴의 예측대로 도쿄 주식시장은 1980년대까지
그야말로 불꽃같은 활황세를 구가했다. 마침내 1986
년 도쿄 주식시장 상장종목의 평균 PER이 30배를 넘
어서자 그는 보유 주식을 처분했다. 당시 일본에서는
PER이 75배까지 갈 것이라는 낙관론이 지배적이었다.
사실 닛케이 평균주가가 1989년 말 3만9000선을 넘
어선 것을 감안하면 그의 매도 타이밍은 다소 빠른 편
이었다고 할 수 있다. 그러나 닛케이 평균주가는 그 후
2년 만에 1만4000선까지 떨어져 반토막 났고, 2000년
대 들어서는 1만선 밑으로 추락했다.

그가 일찍부터 일본으로 눈을 돌릴 수 있었던 것은
당연히 최고의 저평가 종목을 찾기 위해서였다. 미국
뿐만 아니라 전세계를 상대로 투자 대상을 골라야 이

런 주식을 찾을 수 있기 때문이다. 그의 뮤추얼펀드 본사가 있던 캐나다를 비롯해 독일, 스위스, 스페인 등 유럽 국가와 한국, 일본, 중국, 홍콩, 싱가포르 등 아시아 국가, 브라질을 비롯한 남미 국가가 모두 그의 투자무대였다. 분산투자는 여러 기업, 다양한 산업은 물론 여러 국가를 대상으로 해야 한다는 게 그의 투자 원칙이었다.

템플턴은 특히 최고의 저평가 종목을 찾아내기 위해 전세계 주식시장에 상장돼 있는 1만5000개 기업을 조사했다. 이렇게 해서 선정한 저평가the bargain list 기업들을 대상으로 우선순위를 정해 그의 포트폴리오에 편입했다. 그리고 숨어 있던 진정한 가치가 주가에 반영되기를 기다리는 것이다. 그의 주식 보유 기간은 평균 5년이었다. 템플턴이 주식을 파는 시점은 "주가가 많이 상승해 더 이상 저평가 상태가 아닐 때"와 "현재 보유한 종목보다 50% 이상 더 싼 다른 종목을

발견했을 때"였다.

그는 한국 주식시장과도 인연이 깊다. IMF 위기가 정점에 달했던 1998년 1월 초, 그가 한국 기업에 투자했다는 사실이 알려지자 월가에서는 한국 주식시장을 다시 바라보게 됐다. 말년에 그가 주요 언론과 가졌던 인터뷰 기사를 읽어보면 꼭 한국 이야기가 나온다. 마지막으로 인터뷰 했던 2004년에는 중국 투자 붐에 대한 질문에 이렇게 답했다. "중국의 성장세는 놀랍다. 30년 후면 경제규모에서 미국을 추월할 것이다. 그러나 중국 주식시장은 정보가 부족하다. 주가는 낮지만 리스크가 높다. 반면 한국 주식시장은 여전히 싼 편이면서도 리스크는 높지 않다."

그는 미국 주식시장이 닷컴 버블에 휩싸여 있던 1999년에 미국 주식을 전부 판 것으로도 유명하다. 그의 나이 92세 때인 2004년 인터뷰에서 "그러면 요즘 어디에 투자하느냐?"는 질문에 이렇게 답했다. "바

로 지난주에 일본 엔화에 숏포지션(매도) 투자를 했고,
한국 원화에 롱포지션(매수) 투자를 했다." 그 이후 한
국 주식시장과 중국 주식시장, 한국 원화와 일본 엔
화는 그의 예측대로 움직였다. 아흔두 살 노인의 혜안
치고는 놀랍기만 하다.

　템플턴의 투자 철학은 크게 세 가지로 요약할 수 있
다. 하나는 가치투자, 둘은 역발상 투자, 셋은 항상 유
연한 자세를 견지한다는 점이다. 세 가지 다 말은 쉽
지만 막상 실천하기란 무척 어려운 것들이다. 하지만
그는 그렇게 했다. 이 세 가지 투자 철학은 모두 그의
생활습관에서 나왔기 때문이다.

　그는 누구보다 검약했고 성실했고 건강한 삶을 살
았다. 젊은 시절부터 소득의 절반은 무조건 저축했고,
사무실 집기는 무조건 중고품으로 썼으며, 재산이 25
만 달러가 넘기 전까지는 대당 가격이 200달러가 넘는
자동차는 사지 않았다. 한 주에 80시간 이상 일했고,

90세가 되기 전까지 매일 한 시간씩 수영했다.

그는 독립적으로 사색하고 연구하기 위해 1960년대
에 바하마로 사무실을 옮겼다. 맨해튼에서 일하면 군
중심리에서 벗어나기가 어렵기 때문이다. "모두가 절
망적으로 주식을 내다 팔 때 매수하고, 모두가 앞다
퉈 주식을 살 때 매도해야 한다. 그러려면 군중들로부
터 떨어져 있는 게 낫다."

그는 매일 아침 기도와 함께 일을 시작했고, 중요한
투자결정을 내리기 전에도 기도를 했다. "기도를 한다
고 해서 반드시 원하는 답을 얻는 것은 아니다. 그렇
다 하더라도 정신은 평온해진다. 기도를 할 때 우리
는 분주한 바깥 세상에 질끈 눈을 감아야 한다. 그러
면 자연히 자신의 에너지를 한 곳에 집중할 수 있다."

템플턴은 1912년 테네시 주 윈체스터에서 태어나 예
일대로 진학했다. 대학 2학년이던 1931년 주가의 움
직임이 매일같이 급변하는 것을 보자 "기업의 가치가

이렇게 순간순간 급변할 수는 없는데 주가는 왜 이렇게 움직일까?"하는 의문을 가졌다. 그는 이 물음을 풀기 위해 한 평생 투자의 세계에서 활동한 셈이다. 유학시절에는 주말과 방학을 이용해 유럽 각국과 일본까지 35개국을 여행했는데, 세계 각국을 대상으로 한 포트폴리오를 실행하기 위한 준비작업이었다. 결국 이 같은 노력은 '글로벌 펀드'라는 새 장을 여는 계기가 됐다.

하지만 템플턴이 투자를 하는 목적은 여느 펀드매니저들과는 사뭇 다르다. 그는 펀드 운용을 '신성한 신탁a sacred trust'이라고 여겼다. 그의 장기적인 투자 목표는 돈을 버는 것이 아니라 다른 사람들을 돕고, 정신적인 진보에 도움이 되도록 하는 것이었다. 그의 이 같은 뜻은 공식 은퇴를 20년 앞둔 1972년 인류애와 종교적 성취가 뛰어난 인물을 선정해 시상하는 템플턴상The Templeton Prize을 창설한 데서 잘 나타난다.(종교계

139

의 노벨상이라고 일컬어지는 템플턴상은 지금까지 테레사 수녀와 빌리 그레이엄 목사, 알렉산더 솔제니친, 한국의 한경직 목사 등이 수상자로 선정된 바 있다.) 그는 1987년 인류애 증진과 박애정신 고양에 헌신한 공로로 영국의 엘리자베스 여왕으로부터 작위를 수여 받았다.

템플턴은 85세가 되던 1997년에 자신의 사무실 임대기간을 10년 더 연장했을 만큼 장래를 낙관적으로 바라보는 것으로 유명했다. 1999년 11월에 열린 기관투자가 연례회의에서 그는 다우존스 평균주가가 21세기 안에 100만을 돌파할 것이라고 내다봤다. 너무 허황한 것일까?

전혀 그렇지 않다. 100년 전을 되돌아보면 그렇다. 20세기 초 다우존스 평균주가는 100에도 못 미쳤지만 1999년 3월 마침내 1만선을 돌파했다. 템플턴이 강연한 시점의 다우존스 평균주가가 1만600수준이었으니 해마다 평균 10%씩만 상승한다 해도 2047년에는

100만 선에 도달한다. 연평균 상승률이 4.6%만 돼도 2099년에는 100만에 이른다.

템플턴은 어린 시절부터 복리이자의 신비함에 흠뻑 빠져들었다고 회고했다. 1626년 네덜란드 상인이 불과 24달러에 맨해튼 섬을 샀지만, 이 돈을 받은 인디언이 연리 8%의 복리수익률을 올렸다면 지금 맨해튼 섬을 다시 모두 매입하고도 돈이 남을 것이라고 그는 자주 말했다. 가능하면 일찍부터 투자를 하라는 조언이다. 그래야 남은 생애에 복리수익률의 혜택을 더 볼 수 있기 때문이다.

월가에서도 손꼽히는 낙관주의자인 템플턴이지만 그가 가장 경계하는 것은 군중심리다. 패닉과 거품이 모두 군중심리에서 비롯되며, 결국에는 둘 다 허망하게 사라지기 때문이다. 2000년 초 마침내 터져버린 닷컴 주가의 거품 역시 그가 경계했던 군중심리의 소산이었을 것이다.

"버블은 몇 달 혹은 몇 년까지 지속될 수 있다. 기본적인 가치를 무시한 투자자들은 루머와 미확인 정보에 솔깃해져 어떤 가격이건 지불하고자 한다. 그러나 결국에는 진정한 가치를 깨닫게 된다. 그때가 되면 시장은 패닉에 빠지고 온통 팔자주문이 쏟아지면서 거품은 붕괴하는 것이다." 그는 이렇게 덧붙인다. "모두가 절망에 빠져 주식을 팔 때 매입하고, 남들이 앞뒤 가리지 않고 사들일 때 파는 것은 대단한 용기를 필요로 한다. 그러나 장래에는 엄청난 투자수익으로 보답할 것이다."

존 템플턴 경은 2008년 7월 8일 향년 95세로 바하마의 닥터스 병원에서 폐렴으로 타계했다. 한 세기를 살다간 월가의 영원한 스승이 투자자에게 전해준 진정한 메시지는 무엇일까? 그것은 주식 투자보다 훨씬 더 중요한 삶의 목표가 있다는 것이다. 그는 신이 주신 자신의 재능을 "잘못된 투자 결정을 내리는 다른 사람들을 돕는 데" 쓰기로 하고 투자업계에 뛰어들었다. 템플턴 그로스 펀드는 100만 명 이상의 미국 중산층이 주식 투자로 풍족한 삶을 누릴 수 있도록 도와주었다. 그는 1992년 자신의 펀드회사를 매각한 뒤 "인류애의 증진과 영적 자산의 탐구"라는 더 고귀한 목표를 위해 자신의 모든 것을 바쳤다. "당신에게 주어진 재능과 재산은 결코 당신 혼자만의 것이 아니다. 당신은 인류의 더 나은 미래를 위해 이 재능과 재산을 잠시 빌려 쓰고 있을 뿐이다."

이 책을 옮긴 **박정태**는 신문기자로 오랫동안 일했으며 현재 경제 칼럼니스트 겸 전문 번역가로 활동 중이다. 존 템플턴의 투자 철학을 국내에 처음 소개했으며, 옮긴 책으로는 《템플턴 플랜》과 《대공황의 세계 1929-1939》를 비롯해 30여 권이 있다.

존템플턴의 영혼이 있는 투자

1판 1쇄 펴낸날   2002년 10월 10일
개정판 1쇄 펴낸날 2022년   1월 20일
개정판 2쇄 펴낸날 2023년 10월 20일

지은이 게리 무어
옮긴이 박정태
펴낸이 서정예
펴낸곳 굿모닝북스

등록 제2002-27호
주소 (10364) 경기도 고양시 일산동구 호수로 672 804호
전화 031-819-2569
FAX 031-819-2568
e-mail goodbook2002@daum.net

가격 12,000 원
ISBN 89-91378-37-7 03320